18282U

La ciencia de los seres vivos

¿Qué son los biomas?

Un libro de Bobbie Kalman

 Crabtree Publishing Company

www.crabtreebooks.com

Serie La ciencia de los seres vivos
Un libro de Bobbie Kalman

**Para Susie Demers, cuya sonrisa es
más cálida que el sol de Punta Cana**

Autora y editora en jefe
Bobbie Kalman

Editora ejecutiva
Lynda Hale

Editores
Greg Nickles
Jacqueline Langille
April Fast

Investigación fotográfica y de textos
April Fast

Diseño por computadora
Lynda Hale
McVannel Communications Inc.
(diseño de la portada)

Coordinación de producción
Hannelore Sotzek

Traducción
Servicios de traducción al español y de composición
de textos suministrados por translations.com

Crabtree Publishing Company

www.crabtreebooks.com   1-800-387-7650

Library of Congress Cataloging-in-Publication Data
Kalman, Bobbie, 1947-
   [What is a biome? Spanish]
   ¿Qué son los biomas? / written by Bobbie Kalman.
      p. cm. -- (La ciencia de los seres vivos)
   Includes index.
   ISBN-13: 978-0-7787-8755-6 (rlb)
   ISBN-10: 0-7787-8755-9 (rlb)
   ISBN-13: 978-0-7787-8801-0 (pbk.)
   ISBN-10: 0-7787-8801-6 (pbk.)
   1. Biotic communities--Juvenile literature. I. Title. II. Series.
   QH541.14K3518 2005
   577--dc22   2005003814
                                                   LC

**Publicado en
los Estados Unidos**
PMB 16A
350 Fifth Ave.
Suite 3308
New York, NY
10118

**Publicado
en Canadá**
616 Welland Ave.,
St. Catharines,
Ontario, Canada
L2M 5V6

**Publicado en
el Reino Unido**
73 Lime Walk
Headington
Oxford
0X3 7AD
United Kingdom

**Publicado
en Australia**
386 Mt. Alexander Rd.,
Ascot Vale (Melbourne)
V1C 3032

Contenido

¿Qué son los biomas?

Los **biomas** son inmensas áreas naturales de la Tierra en donde crecen ciertos tipos de plantas. El bioma marino, por ejemplo, está formado por todos los océanos de la Tierra. El **clima**, el tipo de suelo y los animales forman parte del bioma. Puede haber miles de **ecosistemas** dentro de un bioma. Un ecosistema es la relación que existe entre las plantas y los animales en un ambiente más pequeño, como una laguna. La Tierra tiene más de 30 tipos de biomas. Este mapa muestra algunos de los biomas más importantes del planeta.

- Bosques
- Praderas
- Matorrales y arbustos
- Desiertos
- Montañas
- Tundra

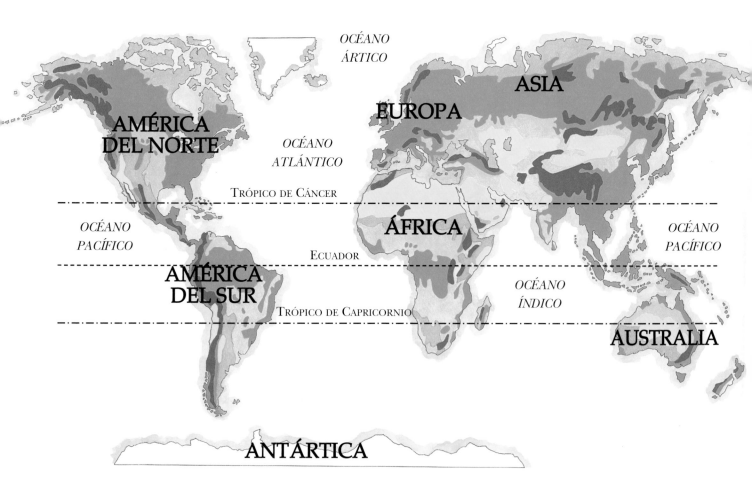

OCÉANO ÁRTICO

ASIA

EUROPA

AMÉRICA DEL NORTE

OCÉANO ATLÁNTICO

TRÓPICO DE CÁNCER

ÁFRICA

OCÉANO PACÍFICO

OCÉANO PACÍFICO

ECUADOR

AMÉRICA DEL SUR

OCÉANO ÍNDICO

TRÓPICO DE CAPRICORNIO

AUSTRALIA

ANTÁRTICA

Combinación natural

Los biomas se combinan naturalmente unos con otros. Un bioma de **pradera**, por ejemplo, puede terminar al borde de un **bosque** o en un **pantano**. Algunos animales **migran** de un bioma a otro cuando cambian las estaciones. Muchas aves visitan varios biomas en busca de comida o de lugares para anidar.

Dependencia mutua

Las plantas y animales de un bioma dependen unos de otros para sobrevivir. Las plantas brindan comida y protección a los animales. Los animales ayudan a diseminar las semillas de las plantas.

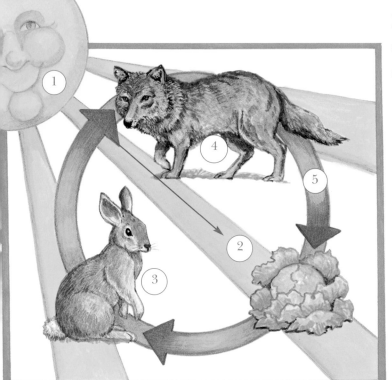

El flujo de energía

Todos los seres vivos de un bioma necesitan **energía** para vivir y crecer. La energía viene del sol y fluye a través de todos los seres vivos. Cuantas más horas de luz recibe un bioma, más energía solar reciben sus seres vivos.

Redes y cadenas alimentarias

Las plantas atrapan la energía solar y usan el **dióxido de carbono** del aire para fabricar alimentos. Son los únicos seres vivos que pueden usar la luz solar para este fin. Los animales no pueden producir su propio alimento porque no pueden atrapar la energía del sol.

Para obtener energía, los animales deben comer plantas u otros animales. Los animales que se comen a otros animales que a su vez comen plantas, forman una **cadena alimentaria**. Las cadenas alimentarias que se relacionan unas con otras en un bioma forman una **red alimentaria**.

Esta figura muestra una cadena alimentaria simple:
1. *La energía viene del sol.*
2. *Las plantas usan la luz solar para fabricar alimentos.*
3. *Los **herbívoros**, como los conejos, comen plantas.*
4. *Los **carnívoros**, como los lobos, comen conejos.*
5. *Los nutrientes de los restos de plantas y animales muertos ayudan a las nuevas plantas a crecer.*

¿Qué es el clima?

Las plantas y animales que viven en un bioma dependen del clima. El clima es el tipo de tiempo que una región ha tenido durante un período largo, por ejemplo, de 30 años. El tiempo cambia todos los días, pero el clima es el tipo de tiempo que se espera. La lluvia, la nieve, la temperatura, el viento y el sol forman parte del clima. La ubicación de un bioma afecta su clima. El hecho de estar en la parte alta de una montaña o cerca del ecuador, del Polo Norte, del Polo Sur o del mar puede afectar el clima de un bioma.

Este mapa muestra las regiones de la Tierra que son cálidas, templadas y frías.

- siempre cálido
- siempre templado
- veranos cálidos, inviernos templados
- veranos cálidos, inviernos frescos
- veranos cálidos, inviernos fríos
- veranos templados, inviernos frescos
- veranos templados, inviernos fríos
- veranos frescos, inviernos fríos
- siempre frío

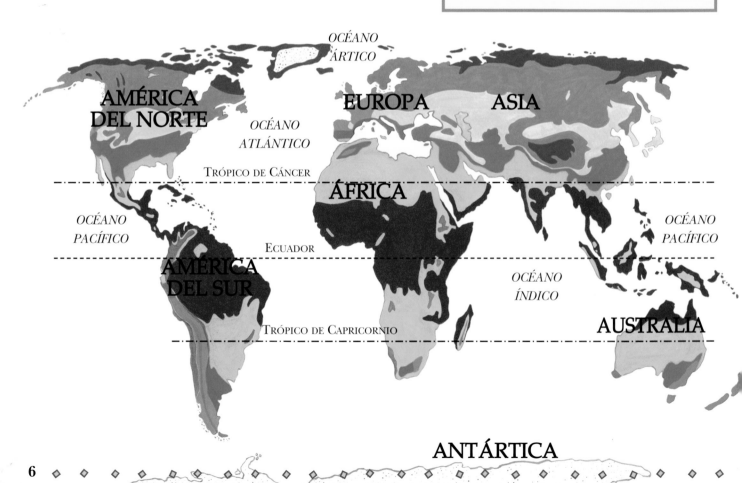

OCÉANO ÁRTICO

AMÉRICA DEL NORTE

EUROPA

ASIA

OCÉANO ATLÁNTICO

TRÓPICO DE CÁNCER

ÁFRICA

OCÉANO PACÍFICO

ECUADOR

AMÉRICA DEL SUR

OCÉANO ÍNDICO

OCÉANO PACÍFICO

TRÓPICO DE CAPRICORNIO

AUSTRALIA

ANTÁRTICA

Biomas tropicales

Mira el mapa de la página 6. Busca el ecuador, el trópico de Cáncer y el trópico de Capricornio. Usa la clave de colores que está sobre el mapa para describir el clima en esta zona. ¿Qué has descubierto? El clima de esta región se llama clima **tropical**. En algunas regiones tropicales el tiempo es el mismo todos los días. En otras, hay estaciones lluviosas y secas.

Regiones polares

Las regiones cercanas al Polo Norte y al Polo Sur, que se encuentran al norte del círculo polar ártico y al sur del círculo polar antártico, tienen clima **polar**. Muchas de estas zonas son muy frías y están cubiertas de hielo todo el año. Allí el verano es corto y el invierno, largo y oscuro. Busca las regiones polares en el globo terráqueo.

Zonas templadas

Entre las regiones tropicales y polares se encuentran dos regiones **templadas**. Según su ubicación, tienen inviernos fríos o frescos y veranos cálidos o moderados. Algunas zonas templadas tienen cuatro estaciones: invierno, primavera, verano y otoño. Otras tienen estaciones húmedas y secas. Busca las regiones templadas en el globo terráqueo y en el mapa.

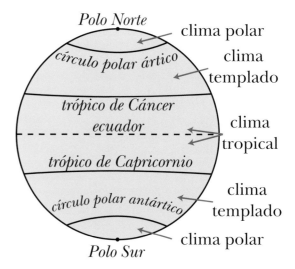

Polo Norte — clima polar

círculo polar ártico — clima templado

trópico de Cáncer
ecuador — clima tropical
trópico de Capricornio

círculo polar antártico — clima templado

clima polar — *Polo Sur*

Un bioma que está cerca del mar tiene un clima más moderado que otro que está en el centro de un continente porque la temperatura del agua no cambia mucho. Por otro lado, las áreas rodeadas de tierra se calientan y se enfrían rápidamente.

Adaptación a los biomas

Las plantas y los animales están bien preparados para el bioma en el que viven. Con el tiempo las plantas se **adaptan**, o cambian, para recibir la mayor cantidad posible de sol y agua para fabricar alimentos. Algunas plantas de **desierto** tienen raíces largas para buscar agua en lo profundo de la tierra. En zonas en donde llueve mucho, gran cantidad de plantas tienen hojas anchas y planas. El agua se **evapora** rápidamente de las hojas grandes. En las zonas frías y secas las plantas crecen cerca del suelo para que los fuertes vientos no les rompan el tallo.

(arriba) Los vellos de los tallos de las amapolas amarillas ayudan a conservar el agua. También conservan el calor de las plantas atrapando aire tibio alrededor de ellas. Las flores coloridas absorben más rayos solares que las blancas.

(abajo) Algunas plantas se han adaptado a vivir en los biomas de pantano enviando flores y hojas grandes y planas a la superficie del agua para atrapar la luz solar. El gallito de agua africano se ha adaptado a caminar sobre las plantas acuáticas. Los largos dedos de las patas distribuyen el peso en un área mayor para que la hoja no se hunda.

Los animales también se adaptan

El cuerpo de algunos animales está especialmente preparado para el bioma en que éstos viven. Los animales que viven en biomas de clima frío suelen tener piel gruesa o una capa de grasa para mantener el calor. Muchos animales tropicales tienen orejas grandes por las que se elimina el exceso de calor corporal para que se mantengan frescos.

Algunos animales se adaptan a su bioma comportándose de cierta manera. La mayoría de los animales del desierto duermen de día para evitar el calor del sol, pero los herbívoros de las praderas pastan durante el día para poder ver si se acercan **depredadores**. Algunos animales se adaptan lentamente con el tiempo, mientras que otros, como el mapache, lo hacen rápidamente. En menos de cien años los mapaches han aprendido a vivir en las ciudades.

Los zorros del desierto (Fennecus zerda) viven en desiertos cálidos y tienen grandes orejas que les sirven para eliminar el exceso de calor corporal.

Los zorros rojos que viven en prados templados tienen orejas de tamaño medio que dejan que una parte del calor corporal escape cuando el tiempo es cálido.

El zorro ártico, que vive muy al norte, tiene orejas pequeñas que evitan que el calor corporal se escape.

La piel de la planta de las patas del oso polar evita que se resbale en el hielo. Su pelaje grueso y blanco lo mantiene caliente y lo ayuda a confundirse en la nieve y el hielo.

Los árboles del bosque tropical húmedo son resbaladizos debido al clima húmedo del bioma. Las ranas arbóreas tienen dedos largos con puntas pegajosas que las ayudan a trepar por los árboles mojados.

Biomas de bosque

Los biomas de bosque están formados por árboles grandes y otras plantas más pequeñas. Los bosques son muy importantes para la Tierra. Usan grandes cantidades de dióxido de carbono para producir su alimento. El dióxido de carbono es un gas cuyo exceso en el aire es peligroso para las personas y los animales. Los bosques también refrescan el aire al dejar salir **oxígeno** por las hojas. El oxígeno es un gas que las personas y los animales necesitan para respirar. Los biomas de bosque pueden estar en zonas frías, tropicales y templadas.

Bosques boreales

Los bosques boreales, también conocidos como **taiga**, se encuentran en las regiones del norte del mundo y cerca de las cimas de montañas altas. Los inviernos son largos, secos y fríos y los veranos, cortos y templados. En invierno, una gruesa capa de nieve cubre el suelo. Actúa como una manta y evita que el suelo se congele.

En los bosques boreales crecen las **coníferas**, o árboles que producen conos. Estos árboles también se denominan **de hoja perenne** porque sus hojas permanecen verdes todo el año. En los bosques boreales también crecen matorrales, arbustos, helechos y musgos.

Las agujas delgadas y enceradas de las coníferas conservan el agua y dejan caer fácilmente la nieve para que las ramas no se rompan por el peso. Las semillas están dentro de los conos.

Animales de la taiga

Algunos animales carnívoros, como comadrejas, visones, lobos, glotones, búhos y halcones, cazan en la taiga. Otros, como los ciervos y las ardillas, viven en la taiga todo el año, mientras que unos más, como el caribú, viven allí sólo en invierno. Los osos descansan en cuevas o madrigueras durante el invierno y cazan su comida en el bosque todo el verano.

Los herbívoros, como los ciervos, encuentran mucha comida en la taiga durante el verano.

Bosques templados

Las zonas templadas tienen veranos húmedos y cálidos e inviernos frescos. En este clima crecen distintos tipos de bosque. Algunos biomas de bosque tienen un clima más cálido y lluvioso que otros.

Bosques templados húmedos

Estos bosques reciben 80 pulgadas (203 cm) de lluvia al año. En estos biomas crecen tanto árboles de hojas anchas como coníferas. Los árboles de **hojas anchas** tienen hojas grandes en lugar de agujas. En los bosques templados húmedos también crecen helechos, matorrales y flores.

*Los búhos manchados y otras aves comienzan a estar **en peligro de extinción** porque necesitan vivir en los huecos de árboles viejos, y los bosques templados húmedos donde están estos árboles se están talando para la obtención de madera.*

Los árboles de los bosques templados húmedos se encuentran entre los más altos del mundo. Las coníferas enormes, como estas secuoyas del norte de California, crecen hasta tener

300 pies (91 m) de altura. La luz del sol y la lluvia llegan al suelo del bosque, de modo que allí crecen muchas plantas pequeñas, como helechos y plantas con flores.

Bosques de hoja caduca

Los bosques templados **de hoja caduca** tienen árboles de hojas anchas. No producen alimento durante el invierno porque no hay suficiente lluvia ni sol. Sus hojas cambian de color y se caen. En las regiones más frías del norte, las coníferas crecen entre los árboles de hoja caduca. Los bosques que tienen los dos tipos de árboles se llaman **bosques mixtos**.

El hogar de muchos animales

Los bosques templados están llenos de vida animal. Los pájaros y las ardillas construyen sus nidos entre las ramas y en los huecos de los árboles. Los insectos se alimentan de hojas y cortezas. En el suelo del bosque, los conejos viven en túneles y los zorros, en guaridas. Las ranas y serpientes viven entre las ramas y hojas caídas, y entre las raíces de los árboles.

Los zorros viven en guaridas en las raíces de árboles viejos o en otros lugares ocultos del suelo del bosque.

Bosque tropical húmedo

árboles emergentes

dosel

sotobosque

suelo del bosque

El bosque tropical húmedo se encuentra cerca del ecuador, entre el trópico de Cáncer y el trópico de Capricornio, donde el tiempo cambia poco durante el año. Siempre hace calor. El bosque tropical húmedo recibe entre 60 y 160 pulgadas (entre 150 y 406 cm) de lluvia al año. Aunque ocupa menos de una quinta parte del planeta, alberga a más de un millón y medio de **especies**, o tipos, de animales y plantas.

Los tres niveles del bosque

El bosque tropical tiene tres niveles principales: el **dosel**, que es la capa superior que cubre casi todo el bosque; el **sotobosque**, que es la capa intermedia; y el suelo del bosque, que es la capa inferior. En cada capa viven muchos animales y en todas hay insectos.

Los frutos y hojas del dosel sirven de alimento a las aves, los murciélagos, las ardillas y los monos. Hay árboles gigantes, llamados **emergentes**, que se asoman por encima del dosel.

En el sotobosque crece una capa de árboles pequeños, que prefieren la sombra, además de arbustos y plantas trepadoras. Las serpientes, ocelotes, ranas arbóreas y algunas aves, como las pavas, viven en esta capa.

En el suelo del bosque, que recibe poca luz solar, viven los tapires y otros herbívoros. Estos animales son presa de depredadores como jaguares y serpientes.

El tití león dorado es un mono que vive en el bosque tropical húmedo de la costa de Brasil. El denso dosel de hojas lo protege del sol. Tiene dedos largos y garras para agarrar las ramas de los árboles. Este tipo de mono está en peligro de perder su hogar porque gran parte del bosque húmedo ha sido talado para permitir la agricultura.

Matorrales y arbustos

Los biomas de **matorrales** y **arbustos** se encuentran en zonas secas y templadas. Tienen inviernos moderados y veranos muy cálidos. El tiempo seco y las tormentas eléctricas a veces producen **incendios tipo fogonazo** en el verano.

Los incendios tipo fogonazo empiezan y se extienden rápidamente. Al quemar las plantas grandes y más viejas dejan campo para que crezcan nuevas plantas. El calor del fuego hace que las cáscaras de las semillas se rompan. Después del incendio, nuevas plantas brotan de esas semillas.

Plantas resistentes

Las plantas bajas y leñosas de hojas perennes son el principal tipo de vegetación de este bioma. Tienen hojas de piel dura que retienen la humedad y espinas que las protegen de los animales que pastan. Muchas tienen raíces largas que les permiten encontrar agua bajo la tierra. Algunas chupan agua de los tallos de otras plantas.

*(abajo) Los kudús se alimentan de las hojas de un **bosque de arbustos**, en el este de África. Estos bosques se pueden encontrar en los límites de las praderas. Allí crecen árboles bajos y espinosos.*

*(arriba) Las tierras de matorrales de California y Arizona se llaman **chaparrales**. El chaparral está cubierto por matorrales pequeños.*

Desiertos

Los desiertos son biomas que reciben menos de diez pulgadas (25 cm) de lluvia u otros tipos de **precipitación** al año. No siempre son arenosos y cálidos; también hay desiertos fríos.

Algunos son enormes zonas cubiertas de arena en donde no pueden crecer las plantas. Otros son parches de roca desnuda. Pero unos cuantos, como el desierto de Sonora en el sudoeste de los Estados Unidos, albergan muchos tipos de plantas. La mayoría de las plantas de este bioma son **suculentas**. Tienen piel gruesa y encerada, y agujas que conservan el agua. El cacto saguaro es una planta suculenta que guarda agua en el tallo.

cacto saguaro

Muy pocas plantas pueden crecer en los desiertos arenosos.

Después de que llueve, muchas hierbas del desierto florecen, pero las flores mueren rápidamente.

Soportar el calor y la sequía

Los desiertos cálidos reciben poca lluvia y mucho sol. Los animales que viven allí han encontrado maneras de soportar el clima.

Las serpientes de cascabel sólo cazan de noche en los meses cálidos del verano.

El nopal es una jugosa comida para los animales que pueden pasar por las filosas espinas, como este pecarí.

Las ratas canguro eliminan muy poca agua en la orina, que es casi seca.

El camello guarda grasa en la joroba. Durante los períodos secos, el cuerpo descompone la grasa para obtener agua.

Los reptiles, como esta tortuga del desierto, tienen piel impermeable. Pierden muy poca agua a través de ella.

Las liebres eliminan el exceso de calor corporal a través de las orejas largas. Para obtener agua, comen plantas suculentas como los cactos.

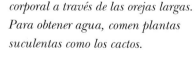

El perrito de las praderas permanece fresco en su madriguera durante el día y busca comida de noche.

Praderas

Los biomas de pradera están cubiertos de pasto, arbustos y algunos árboles. La mayoría de los tipos de árboles no pueden crecer en los biomas de pradera porque no llueve lo suficiente. Los incendios naturales que se producen en las praderas matan a los árboles, pero no a las hierbas.

Los prados y llanuras son biomas de pradera templados que reciben entre 10 y 20 pulgadas (entre 25 y 50 cm) de lluvia al año. Albergan a cientos de tipos de insectos, aves y animales. La siguiente ilustración muestra un prado y una llanura.

La sabana

El bioma de pradera tropical se denomina **sabana**. El tiempo es cálido y seco más de la mitad del año. En la estación seca, la hierba se vuelve marrón y muere. A veces se incendia. Cuando llueve, las profundas raíces germinan de nuevo y el pasto crece mucho.

Los animales de las praderas

Algunos de los animales más grandes del mundo viven en la sabana. Los herbívoros, como los elefantes, las jirafas y los ñus, se alimentan de hierbas, pequeños arbustos y árboles. Viajan de una zona a otra en busca de nuevas plantas para comer. Los herbívoros de la sabana tienen depredadores como leones, guepardos, leopardos y hienas.

En las praderas de Australia y Nueva Zelanda viven muchos tipos de canguros.

Los depredadores encuentran mucha comida en el bioma de sabana. Esta leona está a punto de atrapar a un jabalí.

La tundra ártica

La región que se encuentra inmediatamente al sur del casquete polar del norte se llama **tundra** ártica. Este bioma es un desierto frío. Allí llueve y nieva muy poco. Durante parte del invierno el sol nunca sale y durante parte del verano, nunca se pone.

Plantas resistentes

Sólo algunas plantas pequeñas y fuertes pueden sobrevivir en el Ártico. Las plantas más grandes, como los árboles, no pueden crecer porque el suelo bajo la superficie de la tundra siempre está congelado. Esta tierra helada se llama **permafrost**. Entre las plantas árticas se encuentran los líquenes, el musgo, los juncos y algunas plantas con flores. Las plantas resistentes de la tundra crecen cerca del suelo, donde se pueden proteger de los vientos fríos.

La saxifraga crece en forma de cojín bajo y mullido a fin de atrapar el calor del sol. Produce brotes de los que crecen plantas nuevas. Los capullos pueden sobrevivir el invierno y florecer en la primavera.

El rododendro tiene hojas enceradas que evitan la pérdida de agua. Las flores oscuras con forma de copa dirigen la luz solar hacia el centro de la flor, en donde crecen las semillas.

liquen

musgo

Los líquenes y los musgos crecen en la superficie de las rocas. Las rocas conservan el calor de las plantas protegiéndolas del viento.

Adaptación al frío

Los animales árticos se han adaptado a los inviernos fríos de la tundra. Los mamíferos marinos, como las focas y morsas, tienen capas **gruesas** de grasa que los mantienen calientes. Los mamíferos terrestres generalmente tienen pelaje espeso. Las ardillas de tierra y los lemmings **hibernan**, o están inactivos, durante el invierno.

Veranos árticos

En verano abundan los insectos en la tundra, que está llena de lagunas. Las aves migran al Ártico para disfrutar de los insectos y de los largos días del verano. Muchos animales, como el caribú, también migran a la tundra en verano. Los osos polares, los zorros árticos, las liebres nivales y los bueyes almizcleros se quedan todo el año.

Algunos animales, como el zorro ártico, cambian de color para confundirse en la nieve. Para conservar el calor, tienen dos capas de pelo.

búho nival

cuervo

caribú

lobo ártico

buey almizclero

liebre ártica

perdiz nival

zorro ártico

oso polar

focas

Muchos tipos de animales y aves pasan el verano en el Ártico, pero algunos migran al sur en el invierno. Miles de aves vuelan al Ártico en verano, pero la perdiz nival permanece allí todo el año.

Pantanos

Los almarjales, las ciénagas y las marismas son biomas de pantano. Todos estos biomas tienen tierras inundadas. Los almarjales y las ciénagas siempre están anegados, pero las marismas pueden inundarse sólo parte del año. Algunos pantanos se inundan con agua salada del mar. Otros están cubiertos de agua dulce de ríos y lagos.

junco　　　　*jacinto acuático*

¿Dónde están?

Los biomas de pantano se encuentran por todo el mundo. Suelen estar cerca de lagos y ríos, pero también aparecen en regiones hundidas de las llanuras. Todos los pantanos son importantes para la vida silvestre. Millones de plantas y animales viven en ellos permanentemente o parte del tiempo.

Plantas del pantano

En los pantanos crecen hierbas, juncos, musgos y árboles de hoja perenne. La mayoría de estas plantas sólo crecen en ciertos climas, pero los juncos crecen en todos los pantanos. Una planta muy importante es el jacinto acuático porque ayuda a eliminar la contaminación del agua.

La Sarracenia purpurea crece sólo en los pantanos. Es como un jarro resbaladizo lleno de líquido. Los insectos se resbalan por el costado de la hoja y los jugos de la planta los convierten en alimento líquido.

Importantes para los animales

Los pantanos son biomas importantes para muchos tipos de vida animal. Millones de aves habitan temporalmente en los pantanos para cuidar a sus crías. Los peces y mariscos ponen huevos entre las raíces de las plantas. Las serpientes, las tortugas, las ranas, los mapaches y las salamandras pueden encontrar mucha comida en los pantanos.

Uno de los pocos hogares naturales que quedan para los caimanes son los Everglades, que constituyen un gran bioma de pantano en la Florida. Forman un parque nacional en donde miles de tipos de aves y animales, como garzas, caimanes y serpientes, están protegidos. En los Everglades hay hierbas altas, canales llenos de agua y zonas con grandes cipreses.

(recuadro) Los mapaches viven en los pantanos, tanto en la tierra seca como en los árboles.

Biomas de agua dulce

Los **biomas de agua dulce** están llenos de agua que no es salada. Hay dos clases de biomas de agua dulce. Los ríos y arroyos tienen agua en movimiento. Los lagos y lagunas tienen aguas tranquilas o estancadas. Hay menos vida silvestre en los ríos y arroyos porque se la lleva la corriente, es decir, el movimiento del agua. Algunos animales de agua dulce se adaptaron a vivir en los ríos, de manera que no se los lleva la **corriente**.

Los peces siempre nadan contra la corriente. Otras criaturas se pegan a las rocas con ventosas o baba.

Plantas de agua dulce

Las plantas que crecen bajo el agua necesitan estar cerca de la superficie para poder recibir luz solar. Algunas plantas de agua dulce, como los nenúfares, tienen flores y hojas que flotan en la superficie del agua.

El agua de los ríos rápidos a menudo desemboca en un lago. Así las plantas y animales que viven en aguas de poco movimiento reciben agua fresca.

La vida en la laguna

Las lagunas tienen aguas tranquilas, como los lagos. Muchos tipos de plantas y animales viven en lagunas porque no están en peligro de ser arrastrados por la corriente. No hay dos lagunas que tengan exactamente las mismas plantas y animales, pero en casi todas crecen nenúfares. La mayoría de los animales de las lagunas pasan el tiempo buscando comida.

En la laguna que ves a continuación, los insectos, las aves y los peces pequeños se alimentan de plantas acuáticas. Las ranas comen insectos, y los peces grandes se comen a los pequeños. Las aves grandes y las tortugas mordedoras comen renacuajos, ranas y peces.

Océanos

Los océanos y mares forman el bioma marino, que es el más grande del mundo. Cubre las tres cuartas partes de la Tierra y va desde el extremo norte hasta el extremo sur del planeta. Los océanos contienen agua salada. Su clima es el mismo todo el año, así que las criaturas del mar no se tienen que adaptar a las distintas estaciones.

Plantas marinas

El agua del océano está llena de nutrientes que las plantas necesitan para vivir. El alimento principal de la mayoría de las criaturas marinas son plantas llamadas **algas**. Un tipo de algas muy pequeñas se llama **fitoplancton**. El fitoplancton flota en el agua. Otras plantas oceánicas son unos tipos de hierbas y algas marinas llamadas kelp.

Animales del océano

En los océanos viven criaturas de todo tipo. El **zooplancton** está formado por los animales más pequeños, que flotan en el agua y se alimentan de fitoplancton. El **necton** está formado por animales nadadores. En todos los niveles del océano hay muchos tipos de necton, como peces, ballenas y rayas.

Esponjas, cangrejos y ballenas

Algunos animales del océano, como las esponjas y las anémonas, pasan toda su vida fijos en un lugar. Atrapan o chupan el alimento cuando pasa a su lado, empujado por la corriente. Las langostas, los cangrejos y otros crustáceos viven en el fondo del mar. En el océano también viven muchos mamíferos, desde focas y leones marinos hasta delfines y ballenas.

ostrero

zarapito

avoceta

chorlito

espátula

andarríos

(arriba) Los arrecifes de coral se conocen como los bosques del mar. En ellos viven más tipos de criaturas submarinas que en cualquier otro lugar del océano.

(enfrente) En las playas arenosas o lodosas, las aves costeras sacan almejas, cangrejos y pequeños crustáceos del barro para alimentarse.

(abajo) Las costas de los océanos son biomas distintos. Hay costas con rocas, arena, piedras y lodo. Las costas rocosas suelen tener charcos de marea, que son zonas en las que el agua queda atrapada al bajar la marea. El calor del sol calienta los charcos hasta que la marea regresa. Estos charcos tibios están llenos de vida silvestre, como algas, esponjas, estrellas de mar y peces pequeños.

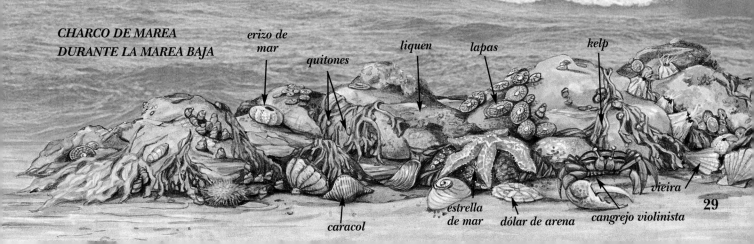

CHARCO DE MAREA
DURANTE LA MAREA BAJA

erizo de mar

quitones

liquen

lapas

kelp

caracol

estrella de mar

dólar de arena

cangrejo violinista

vieira

29

Biomas en peligro

Bosques

El hombre quema y tala árboles para obtener madera y leña, y para construir granjas, minas, carreteras y casas. Cuando se talan árboles, los bosques y su vida silvestre desaparecen. Las minas y las fábricas también contaminan los bosques.

Matorrales y arbustos

Cuando los seres humanos construyen casas y se asientan en las zonas llenas de arbustos y matorrales, cazan los animales silvestres o los ahuyentan. Talan árboles para obtener madera y leña, y permiten que las vacas y cabras se coman todas las plantas nativas.

Desiertos

Las personas bombean agua de fuentes subterráneas para regar cultivos que plantan en el desierto. Las plantas y animales nativos pierden así su hogar. Se agotan las fuentes de agua y el desierto se seca aún más.

Praderas

Los seres humanos cultivan las praderas y reemplazan los pastos con cultivos, como el del trigo. El ganado pasta en las hierbas que quedan. No crecerán plantas nuevas porque la agricultura extrae de la tierra nutrientes importantes.

La tundra ártica

Las personas afectan la tundra al conducir vehículos y arrojar basura en ella. Las huellas de las ruedas demoran cincuenta años en borrarse, y la basura envenena las plantas y los animales. El aire contaminado de las ciudades del sur destruye las plantas del Ártico.

Pantanos

Los seres humanos a menudo rompen el equilibrio de los pantanos. Los pesticidas de las granjas y la contaminación de pueblos y ciudades llegan a los pantanos y perjudican la vida silvestre. Los pantanos desaparecen cuando se drenan para construir nuevas casas.

Biomas de agua dulce

Los seres humanos usan el agua de ríos y lagos para enfriar máquinas en fábricas y centrales eléctricas. Cuando devuelven el agua a los ríos, ésta está caliente. El agua caliente no contiene suficiente oxígeno para mantener con vida a plantas y animales.

Océanos

Cuando las personas pescan demasiado, las aves, los delfines y otros animales que comen peces no encuentran suficiente comida. La perforación del fondo del mar para buscar petróleo también causa problemas. Las plataformas de perforación suelen derramar petróleo en el agua. A causa de éste, los animales y plantas se enferman.

Palabras para saber

algas Plantas verdes que crecen en el agua y no tienen raíces, tallos ni hojas

bioma Extensión natural y grande de tierra que contiene ciertos tipos de plantas y animales

bosque mixto Bosque que tiene tanto coníferas como árboles de hoja caduca

carnívoro Animal que se come a otros animales

conífera Árbol que tiene agujas y conos en lugar de hojas; también se llama árbol de hoja perenne

crustáceo Animal que tiene concha y patas articuladas, como el cangrejo

de hoja caduca Bosque con árboles que pierden sus hojas antes del invierno

depredador Animal que caza a otros animales

desierto Zona seca con pocas plantas y temperaturas muy cálidas o frías

dióxido de carbono Gas del aire compuesto por carbono y oxígeno

en peligro de extinción Expresión que describe a un ser vivo que se encuentra en peligro de extinguirse

energía Fuerza que se necesita para hacer cosas

evaporar Convertir un líquido, como agua, en vapor

extinto Palabra que describe a una planta o animal que ya no existe

fitoplancton Plantas muy pequeñas que crecen en el agua

herbívoro Animal que come principalmente plantas

hibernar Dormir o estar inactivo por largo tiempo; algunos animales hibernan durante los meses fríos del invierno

matorrales o arbustos Zona seca que tiene plantas bajas o poco desarrolladas

migrar Mudarse a otra área temporalmente

necton Todas las criaturas que nadan, desde organismos muy pequeños hasta ballenas enormes

omnívoro Animal que come tanto plantas como animales

oxígeno Gas del aire que los seres humanos, los animales y las plantas necesitan para respirar

pantano Zona que tiene tierras inundadas

permafrost Capa congelada permanentemente que está debajo de la capa superior del suelo

polar Palabra que describe el frío helado de las regiones árticas

pradera Zona cubierta principalmente por hierbas y arbustos

precipitación Agua en forma de lluvia, nieve o granizo que cae sobre la superficie de la Tierra

red alimentaria Dos o más cadenas alimentarias que se conectan cuando un miembro de una cadena se come a un miembro de la otra

sabana Pradera amplia y llana que se encuentra en zonas tropicales

templado Palabra que describe a un clima que no es ni muy cálido ni muy frío

tropical Palabra que describe a un clima cálido y húmedo

trópico de Cáncer Límite norte de la zona tropical

trópico de Capricornio Límite sur de la zona tropical

zooplancton Animales muy pequeños que flotan en la superficie del agua y se alimentan del fitoplancton

Índice

Agradecimientos

Fotografías

Tom Stack and Associates:

Terry Donnelly: página 19 (al pie a la derecha)

G.C. Kelley: página 19

Thomas Kitchin: página 25 (recuadro)

J. Lotter: página 11 (pie)

Denise Tackett: página 15

Robert Winslow: página 13 (recuadro)

Otras fotografías de Digital Stock y Digital Vision

Ilustraciones

Barbara Bedell: páginas 4, 5, 6, 8, 9, 14, 19 (izquierda), 20, 21, 22, 24, 26, 27, 28-29, 30

Jeanette McNaughton: página 19 (pie de página a la derecha)

Halina Below-Spada: página 23

Impreso por

Freisens

1 2 3 4 5 6 7 8 9 0   Impreso en Canadá   4 3 2 1 0 9 8 7 6 5